La Publicité

expliquée

à ma grand-mère

Arthur
Vincent

LIVRES
PARTICULIERS
Qui lira, saura

La Publicité

expliquée

à ma grand-mère

Arthur Vincent

SOMMAIRE

INTRODUCTION

La publicité, qu'elle soit dans les médias classiques ou en ligne, est partout.

Que vous soyez étudiant en école de communication, en école de commerce, ou si vous travaillez déjà dans le monde de la publicité, ce livre se veut comme un guide dans cet univers dense.

A travers ses pages, cet ouvrage traite du monde de la publicité en général, pour ensuite évoquer les différents médias qui sont les supports de la publicité. Enfin quelques pages vous offrent des conseils de lectures et de sites à suivre pour effectuer une veille efficace.

Avec ce livre vous saurez faire la différence entre les médias et le hors média, vous connaitrez les acteurs du secteur, et vous pourrez suivre votre rêve qui est de travailler dans la pub.

Si la plupart des mots précédents ne vous parlent pas du tout mais que vous voulez travailler dans la publicité ou tout simplement en savoir plus, ce livre est fait pour vous.

Bonne Lecture !

Arthur Vincent

Le Monde Publicitaire

« LE MANAGEMENT C'EST LE CONTRÔLE

LE LEADERSHIP C'EST LE CHANGEMENT »

Gérald Karsenti

Les groupes publicitaires mondiaux

Le Top 6

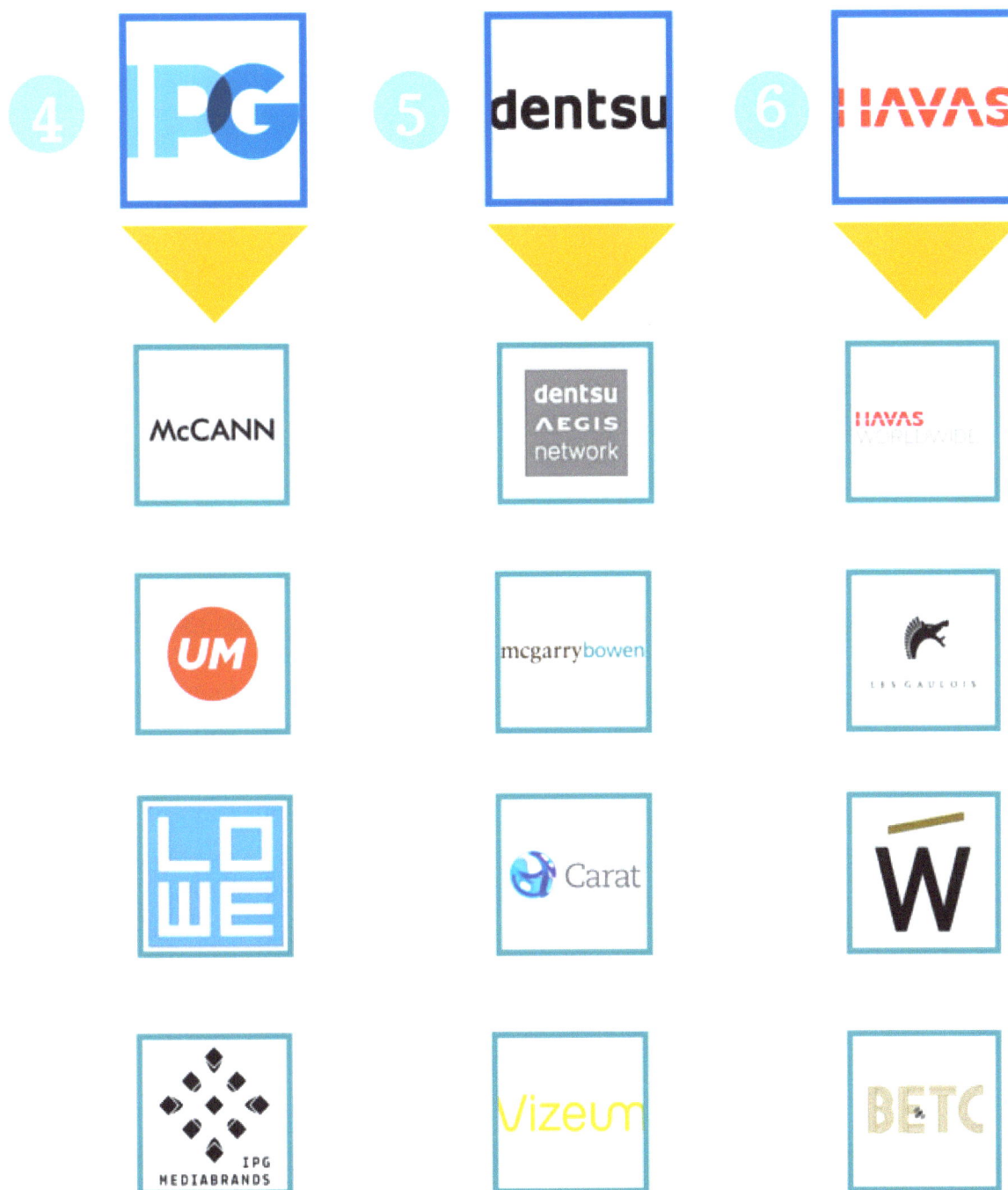

Photocall dirigeants Pub

Who's Who

Agathe Bousquet
PDG Havas
WorldWide Paris

Pierre Conte
Président GroupM
Vice-président
UDECAM

Thierry Jadot
CEO France Dentsu
Aegis Network

Raphaël de Andréis
CEO Havas Media
Groupe France

Gautier Picquet
CEO Publicis Media
France

Sandrine Préfaut
Présidente Vizeum
France

Mercedes Erra
Présidente exécutive
Havas

Christophe Brossard
CEO France MEC

Yves del Frate
CEO Havas Media
France

Bertille Toledano
Présidente BETC

Hervé Brossard
CEO et président
Omnicom Media
France

Maurice Levy
Président du
directoire de Publicis

Valérie Accary
Présidente de BBDO

Martin Sorrell
PDG WPP

Yannick Bolloré
PDG Havas

Thomas Jamet
Président IPG
Mediabrands France

Jean-Luc Chérit
CEO Carat,
Président UDECAM

Valérie Henaff
CEO Publicis Conseil

Le Marché de la pub

En 2015

Dépenses de communication des annonceurs en France en 2015

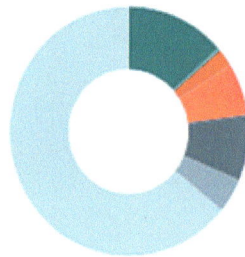

- TV (13,2%)
- Cinéma (0,4%)
- Radio (2,3%)
- Web (6,8%)
- Presse (6,8%)
- Affichage (4,5%)
- Autre (63,8%)

Recettes Publicitaires des médias 2014 - 2015 (en millions)

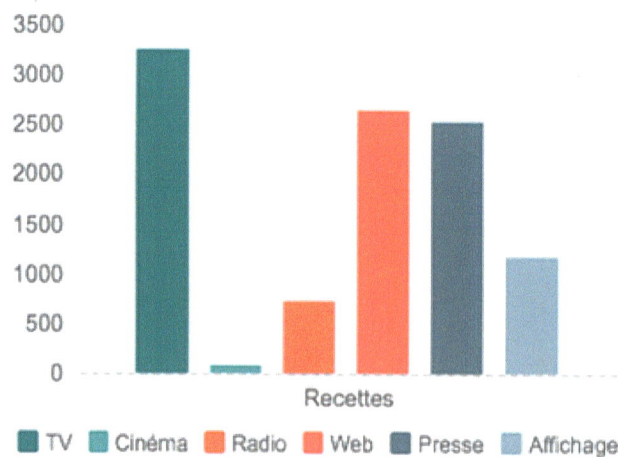

Recettes

- TV
- Cinéma
- Radio
- Web
- Presse
- Affichage

Recettes

Publicitaires des médias

12,8 milliards €

- 1,1 % vs 2014

Dépenses

De communication des annonceurs

29,4 milliards €

- 0,8 % vs 2014

Cinéma

+ 1,8 %

Radio

- 0,8 %

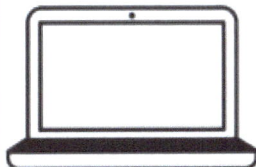

Internet

+ 5,9 %

Affichage

- 0,6 %

Télévision

+ 0,6 %

Presse

- 5,9 %

Loi Evin

Lutte contre le tabagisme et l'alcoolisme

- 10 janvier 1991 -

(i) La loi **interdit** toute publicité directe ou indirecte en faveur du tabac

(i) La loi **encadre** la publicité en faveur des boissons alcoolisées

(i) Le contenu doit se conformer à l'article L3323-4 du code de la santé publique

(i) "L'abus d'alcool est dangereux pour la santé" doit être indiqué dans la publicité

(i) Publicité **interdite** sur les supports qui s'imposent à tous comme la **TV** et le **Cinéma**. Mais autorisée pour l'affichage ...

(i) Radio : publicité **interdite** le mercredi entre 07h et minuit et les autres jours entre 17h et minuit.

Loi Sapin

Loi anti-corruption
- 29 janvier 1993 -

(i) La loi Sapin réglemente les procédures d'achats d'espaces publicitaires.

(i) La loi instaure un principe de **transparence** des prix des espaces publicitaires entre les annonceurs, les agences et les médias.

(i) L'achat d'espace par un intermédiaire ne peut se faire qu'à travers un **contrat de mandat** entre l'annonceur et son agence média.

(i) La loi est difficile à mettre en oeuvre dans le domaine du digital avec l'**achat programmatique** et les **ad-exchanges**

Futur de la loi

Trading Desk

Loi Macron

Retargetting

Assouplissement?

Les différences

Agence média - Agence de Pub

L'Agence Média :

- Entreprise spécialisée dans l'achat d'espaces publicitaires et dans la négociation des prix avec les régies et médias.

- L'agence média est le plus souvent diversifiée dans le conseil en stratégie média.

L'Agence de Publicité :

- L'agence de publicité s'assure de la partie créative de la publicité et laisse la réalisation technique à des sociétés de production et l'achat d'espaces publicitaires à une agence média.

Les groupes de communication :

- Les grands groupes publicitaires qui regroupent à la fois une ou des agences médias et une ou des agences de publicité afin de pouvoir répondre au mieux aux attentes des clients et du marché publicitaire.

Les relations

Annonceur - Agence - Régie

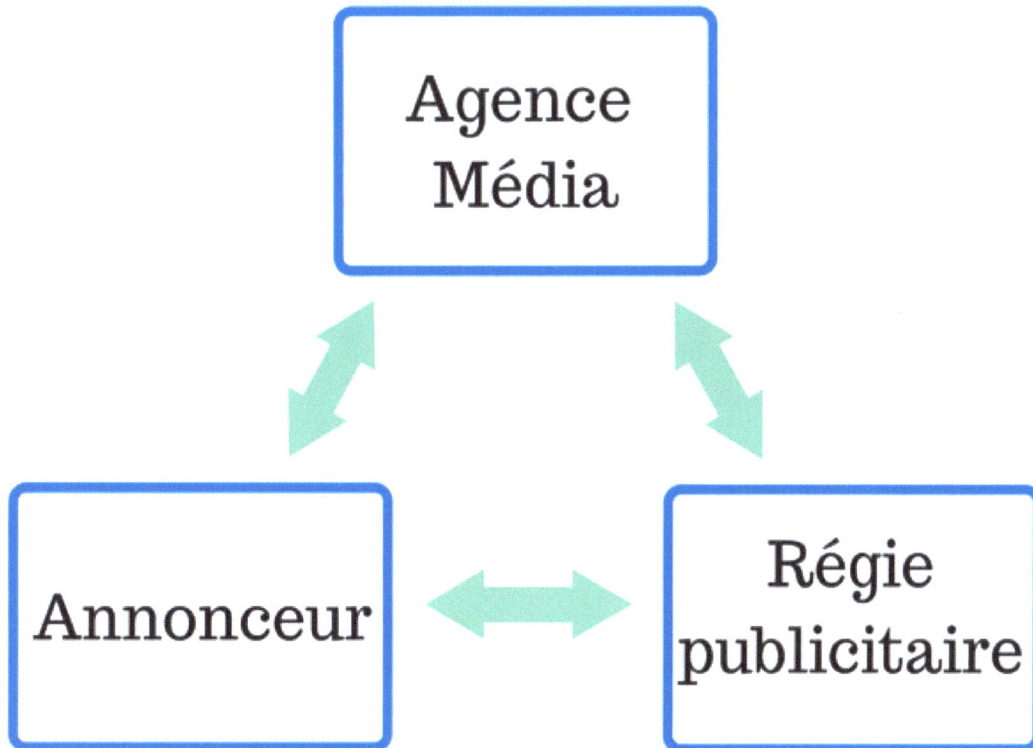

```
                    ┌──────────────┐
                    │   Agence     │
                    │   Média      │
                    └──────────────┘
                      ↙          ↘
        ┌──────────────┐      ┌──────────────┐
        │  Annonceur   │ ⟷   │   Régie      │
        │              │      │ publicitaire │
        └──────────────┘      └──────────────┘
```

● **L'Agence Média :**
  - L'agence conseille les annonceurs sur les choix des médias les plus pertinents pour leurs objectifs.
  - L'agence sert aussi de mandataire payeur pour l'annonceur (=paye en son nom les espaces médias).

● **L'Annonceur :**
  - Dans l'univers des médias, l'annonceur est le client.
  - C'est l'entreprise qui investit de l'argent dans les médias en espérant un retour sur investissement (ROI) intéressant.

● **La Régie :**
  - La régie vend des espaces publicitaires aux agences médias dans le cadre d'un plan média afin de valoriser l'audience des annonceurs.
  - Il arrive que certains annonceurs soient en relation directe avec les régies.

Process de Brief

Annonceur - Agence - Régie

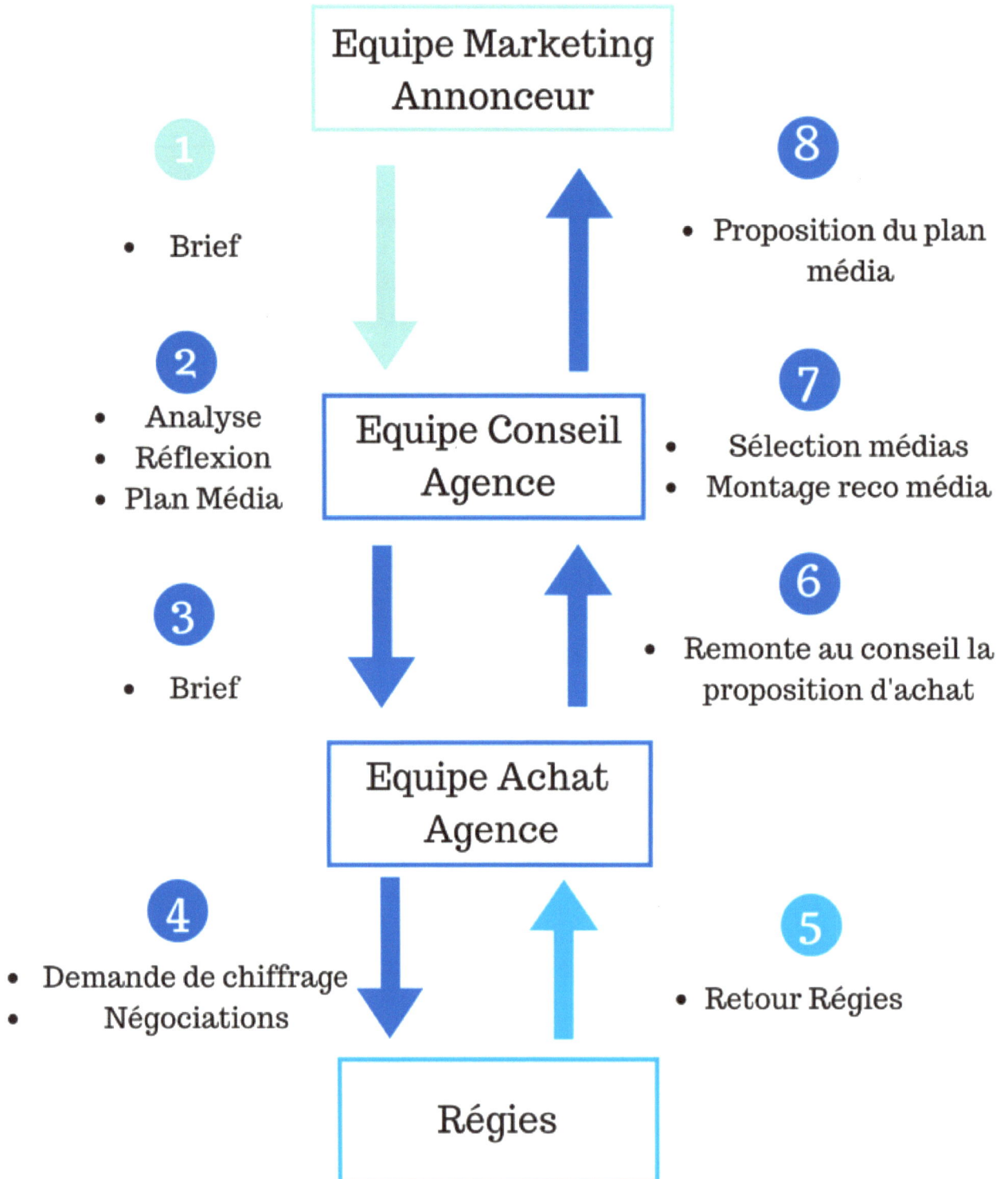

Equipe Marketing Annonceur

1
- Brief

2
- Analyse
- Réflexion
- Plan Média

Equipe Conseil Agence

3
- Brief

8
- Proposition du plan média

7
- Sélection médias
- Montage reco média

6
- Remonte au conseil la proposition d'achat

Equipe Achat Agence

4
- Demande de chiffrage
- Négociations

5
- Retour Régies

Régies

Hypothèse A

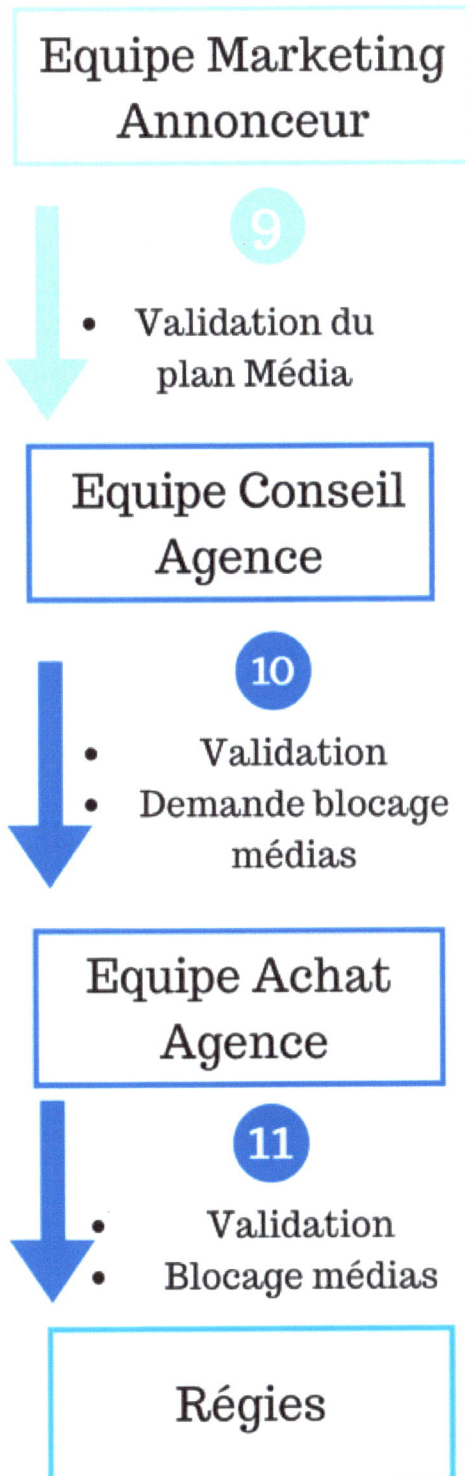

Equipe Marketing Annonceur

9
- Validation du plan Média

Equipe Conseil Agence

10
- Validation
- Demande blocage médias

Equipe Achat Agence

11
- Validation
- Blocage médias

Régies

Hypothèse B

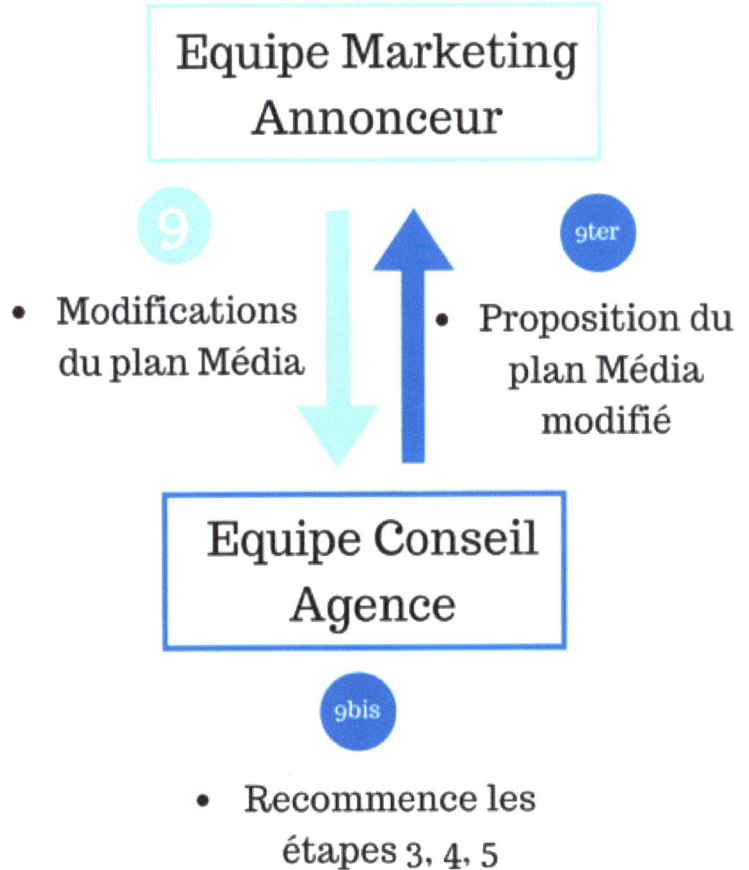

Equipe Marketing Annonceur

9
- Modifications du plan Média

9ter
- Proposition du plan Média modifié

Equipe Conseil Agence

9bis
- Recommence les étapes 3, 4, 5

L'hypothèse B se répète jusqu'à ce que l'équipe marketing annonceur valide le plan média.
Une fois validé, l'hypothèse A débute.

24

Le jeu des Agences

You win or you die

Dans le marché publicitaire, à intervalles réguliers, les annonceurs challengent les agences pour choisir avec laquelle ils vont travailler pour les x années suivantes

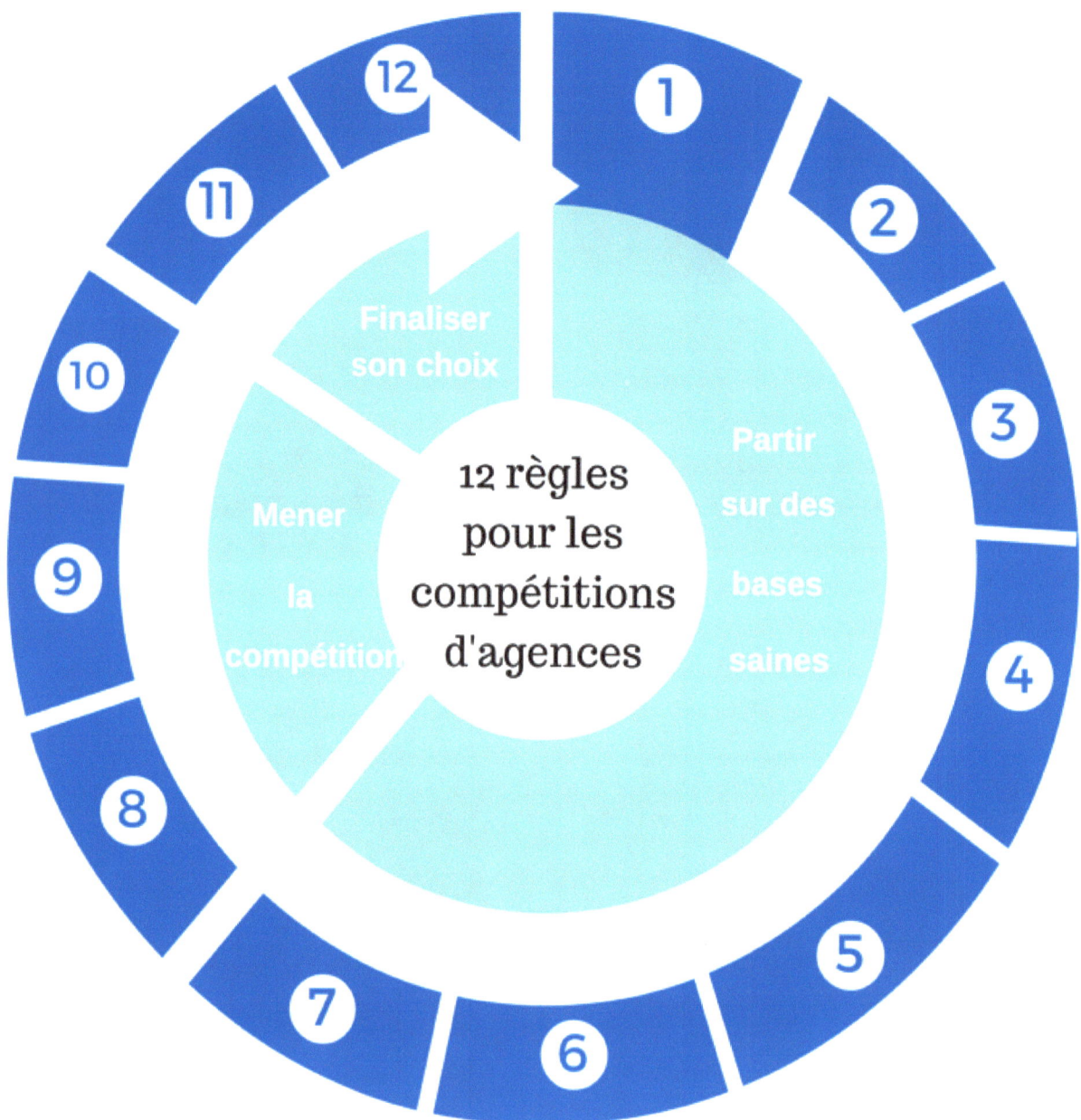

12 règles pour les compétitions d'agences

Finaliser son choix

Mener la compétition

Partir sur des bases saines

1 2 3 4 5 6 7 8 9 10 11 12

1 **Faire le point**
- Sans langue de bois -

2 **La bonne méthode pour choisir**
- Faire appel à un cabinet de conseil en choix d'agences -

3 **Etre clair**
- Savoir qui fait quoi -

4 **La transparence avant tout**
- Informer, transmettre, communiquer -

5 **Un temps maitrisé**
- Pour un résultat de qualité -

6 **Indemniser les agences**
- Reconnaissance du travail effectué -

7 **Choisir c'est renoncer**
- Restreindre le nombre d'agences dès le début -

8 **Un bon Brief**
- Un brief c'est bien, un brief qui oriente c'est mieux -

9 **Pas de speed dating**
- Pour une compétition réussie -

10 **Garantir la confidentialité**
- Pour de bonnes conditions de travail -

11 **Garantir l'égalité des chances**
- Pour aller au bout de la démarche -

12 **Dites le vite, dites le bien**
- Terminez par l'agence gagnante -

. Règles issues du guide émis par l'AACC et l'UDA
http://www.aacc.fr/aacc/publications/guide-competitions-d-agences

Les récompenses

Networking

Il existe tellement de récompenses dans le secteur de la publicité en France ou à l'étranger, que nous avons regroupé ici 5 des prix les plus connus ou reconnus.

Le Cristal Festival :
14/12 - 17/12 2016
www.cristalfestival.com

Eurobest :
30/11 - 02/12 2016
www.eurobest.com

Clio Awards :
28/09/2016
www.clioawards.com

Epica Awards :
17/11/2016
www.epica-awards.com

Cannes Lions :
19/06 - 25/06 2016
www.canneslions.com

Il existe aussi des classements effectués par des magazines du secteur publicitaire, récompensant annuellement les meilleures agences dans différentes catégories.
En voici quatre des plus connus.

CB News :
06/09/2016
www.cbnews.fr

Stratégies :
14/06/2016
www.strategies.fr

Adweek :
août 2016
www.isaacawards.com

Offre Média :
21/01/2016
www.offremedia.com

Millennials

Etude de cible

Qui ?

- **En 2015, 29 % des français ont entre 15 et 34 ans.**
  - 14 % ont entre 15 et 24 ans = 7,3 millions de personnes
  - 15 % ont entre 25 et 34 ans = 7,7 millions de personnes.

- **Les 15 - 24 ans :**
  - 51 % sont des hommes = 3,7 millions de personnes
  - 49 % sont des femmes = 3,6 millions de personnes.

- **Les 25 - 34 ans :**
  - 49 % sont des hommes = 3,7 millions de personnes.
  - 51 % sont des femmes = 3,9 millions de personnes.

Consommation d'écrans

- **Ordinateur fixe :**
  - Pic d'utilisation entre 17h et 19h
  - Pic d'utilisation ente 19h et 21h

- **Smartphone :**
  - Pic entre 9h et 12h
  - Pic entre 12h et 14h
  - Pic entre 17h et 21h

- **Tablette :**
  - Pic entre 14 et 17h
  - Pic entre 17h et 21h

En 2015, les Millennials

passent par jour

3,2 H

sur leur smartphone

Ce qui équivaut à

1 169 H

cumulées

Soit l'équivalent de

49 jours

dans l'année

*Chiffres de 2015 de l'étude de TNS Soffres

Les différences

Gens de com'

- **Rythme de vie : Réveil à 8h pour les gens de com'**

- **51 % prennent leur voiture pour aller travailler**

- **31 % courent toute la journée de rendez-vous en rendez-vous.**

- **32 % dinent après 21h en semaine.**

- **57 % sortent au moins un soir par semaine**

- **4 % qui ont pris des vacances l'été dernier sont restés chez eux.**

- **9 % jardinent**

- **79 % habitent en région parisienne**

- **19 % font leurs courses alimentaires sur internet.**

- **51 % passent des soirées dans le cadre professionnel.**

- **55 % ont fréquenté un restaurant japonais au cours du dernier mois.**

- **30 % font des sorties en famille.**

- **5 % mangent chez eux le midi.**

- **77 % sont abonnés à une offre tv payante élargie.**

- **81 % ont une tablette.**

- **33 % sont présents sur au moins 4 réseaux sociaux.**

- **39 % utilisent Twitter**

- **77 % utilisent un réseau social professionnel**

Etude SNPTV et IFOP 2015

Les différences

Gens normaux

Rythme de vie : Réveil à 6h pour les gens normaux

73 % prennent leur voiture pour aller travailler

10 % courent toute la journée de rendez-vous en rendez-vous.

6 % dinent après 21h en semaine.

29 % sortent au moins un soir par semaine

25 % qui ont pris des vacances l'été dernier sont restés chez eux.

29 % jardinent

19 % habitent en région parisienne.

6 % font leurs courses alimentaires sur internet.

7 % passent leurs soirées dans un cadre professionnel.

12 % ont fréquenté un restaurant japonais au cours du dernier mois.

52 % font des sorties en famille.

32 % mangent chez eux le midi.

57 % sont abonnés à une offre tv élargie.

48 % ont une tablette.

8% sont présents sur au moins 4 réseaux sociaux.

14 % utilisent Twitter

10 % utilisent un réseau social professionnel

Alors ? Plutôt com' ou normal ?

Têtes de Pub

En 4 points

Leo Burnett

- 1891 - 1971
- Américain
- 1935 : Fonde Leo Burnett Company
- 2002 : Rachat par Publicis

David Ogilvy

- 1911 - 1999
- Anglais
- 1948 : Fonde Ogilvy & Mather
- 1989 : Rachat par le groupe WPP

Marcel Bleustein-Blanchet

- 1906 - 1996
- Français
- 1926 : Fonde Publicis
- 2016 : Top 5 des plus gros groupes de publicité au monde

Les Qualités à posséder

Pour travailler dans la pub

Travailler en équipe

Flexibilité

Aimer apprendre

Curieux

Savoir négocier

Esprit Synthétique

Bon relationnel

Servir le client

Bilingue

Créatif

Gérer son stress

Ecouter

Rigueur

Diplomate

Bon rédactionnel

Initiative

Les Médias

« CELUI QUI N'A PAS D'OBJECTIFS NE RISQUE PAS DE LES ATTEINDRE »

Sun Tzu

Sommaire
Chapitre 2 : Les Médias

Mass média par excellence, l'affichage permet de capter l'attention d'un maximum de personnes lors de leurs déplacements quotidiens à travers différents formats disséminés au sein de leur vie en ville.

Commercialisé à la semaine, l'affichage qu'il soit OOH, DOOH ou au format événementiel, joue la carte de la proximité en investissant les territoires de manière ciblée et géolocalisée tout en permettant d'assurer une couverture puissante.

Ces différents atouts, offrent ainsi une forte visibilité au quotidien, à l'annonceur qui a privilégié ce type de support de communication.

OOH

Le Out Of Home (OOH) est l'affichage classique.

DOOH

Le Digital Out of Home (DOOH) est l'affichage digital.

EVENT

L'événementiel est par exemple : les bâches d'exposition.

« L'AFFICHE EST FILLE DES RUES.
POPULAIRE ET ARISTOCRATIQUE.
FLEUR DU PAVÉ OU REINE DE LA PALISSADE,

ELLE S'OFFRE À TOUS COMME UN CADEAU
SANS JAMAIS PERDRE SON QUANT À SOI.

CETTE BELLE GOSSE HAUTE EN COULEURS
QUI FAIT TOURNER LES TÊTES, C'EST LA
CHAMPIONNE DE LA COMMUNICATION
CLAIRE ET CONCISE. »

Raymond Savignac

Affichage

Les principaux acteurs en France

JCDecaux

www.jcdecaux.fr
@JCDecaux_France

Leader du marché de la publicité extérieure, spécialisé dans les grands formats et le mobilier urbain, notamment via ses abris de bus.

Clear Channel

www.clearchannel.fr
@ClearChannelFr

Le second du marché de la publicité extérieure et dans les espaces des centres commerciaux.

ExterionMedia

www.exterionmedia.com
@ExterionMediaUK

Anciennement CBS OutDoor, sa filiale française Giraudy est concurrent en France de JCDecaux.

MEDIATRANSPORTS
Créons les connexions uti...

www.mediatransports.com
-

Mediatransports est spécialisé dans la publicité des transports publics à travers Metrobus, MediaGare et MediaRail.

Affi*mext*
Votre affichage de Proximité

www.affimext.com

-

Présent partout en France sur le OOH et le DOOH, Affimext personnalise ses relations professionnelles.

CADRES ☐ BLANCS
AFFICHEURS

www.cadresblancs.fr

-

Société basée à Alençon, Cadres Blancs est spécialisé dans l'affichage et la communication locale.

Insert

www.insert.fr
@InsertFrance

Le réseau leader de l'affichage urbain de proximité avec une audience de plus de 15 millions de piétons par semaine.

MEDIA KIOSK

www.mediakiosk.fr

-

Filiale de JC Decaux, spécialiste de la publicité sur les kiosques à journaux.

Les formats d'affichage

Minority Report

Grands formats

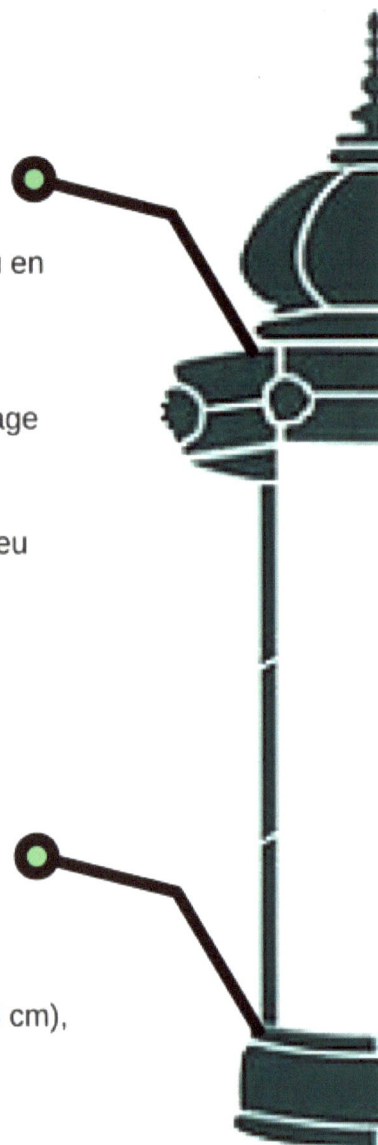

- Le 400 x 300 cm (12m2) est le grand format le plus connu en France en ce qui concerne les campagnes publicitaires.

- Le 320 x 240 cm (8m2), qui est la taille maximale d'affichage autorisée à Marseille

- Le 240 x 160 cm (4m2) est un format plus présent en milieu rural.

Autres formats

- Le 30 x 40 cm, présent surtout dans les TGV

- Les formats présents sur les bus : flanc gauche (275 x 68 cm), flanc droit (192 x 68 cm), l'arrière (100 x 83 cm).

- Les publicités présentes sur les tables des cafés ou des restaurants.

- Les 200 x 150 cm (3m2) des couloirs de métro

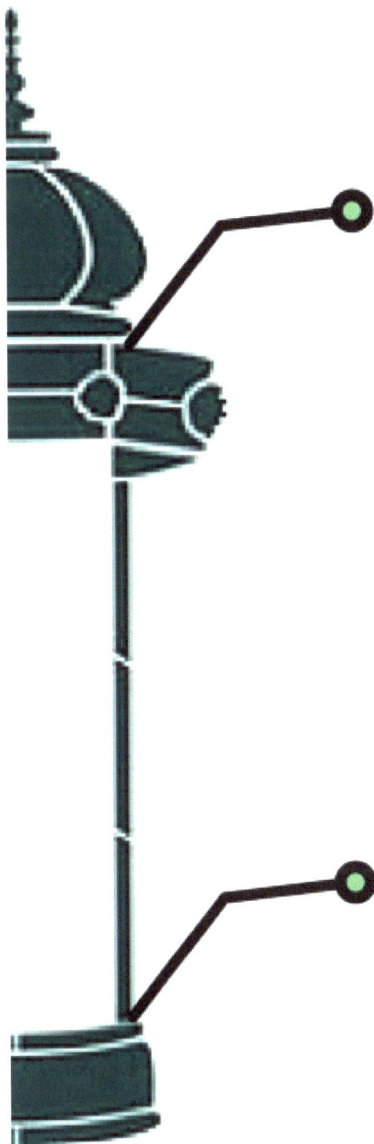

Mobilier Urbain

- Le 120 x 176 cm (2m2) aussi appelé le format sucette à cause de sa forme.

- Les 118 x 350 cm (4m2) de la colonne Morris abritent seulement des publicités liées à la culture.

Vitrines

- Le 60 x 160 cm aussi appelé le format pantalon à cause de sa forme allongée, est présent en vitrines.

- Le 60 x 80 cm est un format classique pour une vitrine.

- Le 40 x 60 cm est le format d'affichette le plus courant.

Le cinéma est le lieu privilégié pour informer et convaincre ses spectateurs et futurs clients.

Le cinéma compte de nombreux atouts qui font de ce média auquel on ne pense pas forcément lorsque l'on est une PME ou une TPE, un allié de choix lors des campagnes publicitaires.

Grâce aux grands écrans, à la qualité de l'image, au son de bonne qualité et surtout grâce à l'impossibilité de zapper la publicité, le taux de mémorisation au cinéma est de 75%, alors qu'il descend à 18% pour la TV et à 11% pour internet.

Avec ce béta de mémorisation de Morgensztern, il suffit d'une campagne publicitaire d'une durée moyenne de 4 semaines pour couvrir toute la population ciblée.

Régie

Société commercialisant des espaces publicitaires.

CNC

www.cnc.fr

Centre National du Cinéma et de l'image animée.

Cinexpert

Nouvel outil de mesure d'audiences au cinéma

« FAIRE DU COMMERCE SANS PUBLICITÉ,

C'EST COMME FAIRE DE L'OEIL À UNE FEMME
DANS L'OBSCURITÉ.

VOUS SAVEZ CE QUE VOUS FAITES, MAIS
PERSONNE D'AUTRE NE LE SAIT. »

Steuart Britt

46

Régies cinéma

Les principales actrices en France

CANAL+ REGIE

www.canalplusregie.fr
@Canalplusregie

La régie publicitaire de Canal+
gère le réseau de cinéma UGC
en France. Il couvre 16% du
marché national.

mediavision

www.mediavision.fr
@LepetitMineur

Leader du marché de la publicité
au cinéma avec 84% du marché
national, Médiavision gère le
réseau Pathé-Gaumont en
France.

SEP

www.sep-publicite.com
-

La Société Européenne de
Publicité (SEP) est une régie
publicitaire pour le cinéma,
spécialisée à un niveau local.

CENSIER PUBLICINEX

www.censier-publicinex.fr
@cpublicinex

Censier Publicinex est une
régie de publicité pour le
cinéma, spécialisée à un
niveau local.

En 2016 en France

5600
Salles de cinéma*

2000
Cinémas*

206
Millions de spectateurs*

*Chiffres arrondis et issus du site du CNC

Le cinéma

Il était une fois

Le public

Répartition spectateurs

Hommes (48%) ▪ Femmes (52%)

Au moins 1 fois (65%) ▪ 0 fois (35%)

Nombre de fois où les français sont allés au cinéma en 2015

La publicité locale

L'avantage décisif de faire de la publicité au cinéma à un niveau local est la proximité avec le public ce qui permet d'effectuer un ciblage géographique très précis. Ce ciblage donne une plus grande granularité de la population aux régies publicitaires.

Médiavision, qui gère le réseau Pathé-Gaumont, a décidé de réduire le temps de publicité avant le film à 15 minutes, ce qui a entrainé la disparition des annonces locales.

Avantages et limites

Le cinéma donne à la publicité cinématographique un élan de prestige qui rejaillit sur le produit.

Le cinéma permet un impact plus fort sur le spectateur à travers la disponibilité de celui-ci (impossible de zapper la pub, taille de l'écran géant qui offre une visibilité maximale ...)

La première limite de la publicité au cinéma, est qu'elle est contrainte de ne s'adresser qu'en BtoC.

Il existe un certain manque de créativité des spots locaux, ce qui limite l'accès de certaines marques à une image de modernité.

En 2015, en France, le marché de la publicité digitale s'est élevé à un nouveau record de 3,216 milliards €, contre 3,047 milliards € en 2014 (+6%) !

Pourtant, le digital, comparé à d'autres médias, nécessite un ticket d'entré assez peu élevé.

Il permet aussi de réellement cibler les potentiels clients à qui l'on souhaite s'adresser grâce aux ciblages socio-démographiques et comportementaux.

Ces ciblages sont le plus souvent complétés par un système de géolocalisation très précis, surtout sur le support mobile.

Il est à noter que la publicité sur les réseaux sociaux est 55% fois plus importante que la publicité classique.

Capping
Limiter le nombre maximum de fois auquel l'internaute est exposé à une pub par jour.

KPI
Key Performance Indicator : série de facteurs pris en compte pour mesurer l'efficacité d'une campagne.

Cookie
Petit fichier texte associé à un ordinateur et à un navigateur. Durée de vie limitée à 13 mois maximum.

« DON'T COUNT THE PEOPLE
THAT YOU REACH,

REACH THE PEOPLE
WHO COUNT.»

David Ogilvy

Digital

www.facebook.com/business
@facebook

Facebook n'est pas seulement un réseau social, il a aussi une régie publicitaire grâce à laquelle il vend les espaces de son site.

www.google.fr/adwords/
@adwords

Leader du search avec plus de 90% de PDM, Google Adwords est incontournable pour la publicité en ligne.

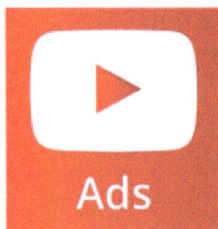

www.youtube.com/yt/advertise/fr
@YTAdvertisers

Youtube est le 2ème moteur de recherche du monde.
Il y est facile de toucher des cibles choisies grâce à Google Adwords (Google possède Youtube).

www.snapchat.com/ads
@Snapchat

Snapchat permet de faire de la publicité au format vidéo, ce qui le place en concurrence directe avec Facebook et Youtube.

www.business.instagram.
com/advertising/
@instagram

Le réseau social de photographie
de 300 millions d'utilisateurs,
s'ouvre à la pub sur un modèle
proche de celui de Facebook
(qui le possède).

www.ads.twitter.com
@TwitterAdsFR

Twitter est prévu pour exposer sa
publicité à plus de 240 million
d'utilisateurs prêts à débattre
directement avec les annonceurs.

www.linkedin.com/ad/start
@LinkedIn

LinkedIn Ads permet de faire de la
publicité en BtoB de manière
précise en ciblant un poste, un
secteur ou une fonction ...

www.business.pinterest.com
@Pinterest

Pinterest a tendance à être une
"wishlist", ce qui en fait l'endroit
idéal pour faire la promotion de
ses produits.

leboncoin

www.leboncoin.fr/pub
@leboncoin

LebonCoin propose des solutions publicitaires qui s'adressent aux PME, TPE et commerçants en recherche de clients.

himediagroup
Empower your digital business

www.himediagroup.com
@himediagroup

Régie publicitaire française qui propose une offre globale à travers ses marques. Positionnement sur la publicité géo-ciblée avec AdMoove et Quantum pour l'achat programmatique.

Ligatus

www.ligatus.fr
@ligatus

La spécialité de ligatus est la publicité native à la performance. (=rémunération du support de publicité en fonction des résultats de la campagne).

Boursorama

http://www.boursorama.com/pub/utf8/bourso/spetech/gallery/index.html

Site leader de l'actualité économique en France, la régie Boursorama offre une cible qualifiée masculine CSP+

*Face au nombre très important de régies publicitaires existantes, le choix a été fait de n'en présenter que certaines.

Top 10 des entreprises de programmatique en 2015

L'achat programmatique désigne l'achat automatisé d'espaces publicitaires.
En 2015, l'achat programmatique représente 423 millions €, dont 40% des achats display effectués en programmatique.

- **CRITEO : 24% de PDM**

- **AMNET : 8% PDM (Aegis Group)**

- **AOD : 6,9% PDM (Publicis Group)**

- **Affiperf : 4,4% PDM (Havas)**

- **Tradelab : 4,3% PDM**

- **DBM : 4,2% PDM (Google)**

- **Nextperformance : 3,7% PDM**

- **Accuen : 3% PDM (OMD)**

- **GroupM : 2,9% PDM**

- **Amazon : 2,3% PDM**

Le digital

Desktop - Mobile

Types de pub

- Le Display est la publicité web avec achat d'espaces déclinés sous plusieurs formats (skyscrapper, interstitiel ...).

- L'emailing est l'envoi d'une campagne de promotion d'un service, d'une marque ou d'un produit par mails aux internautes.

- Le Search : Techniques publicitaires promouvant la visibilité d'un site Internet sur les pages de résultats d'un moteur de recherche.

  - SEA : Le Search Engine Advertising est le placement de marques dans les recherches en payant des mots-clés.

  - SEO : Le Search Engine Optimisation est le référencement naturel des marques et cela sans payer de mots-clés.

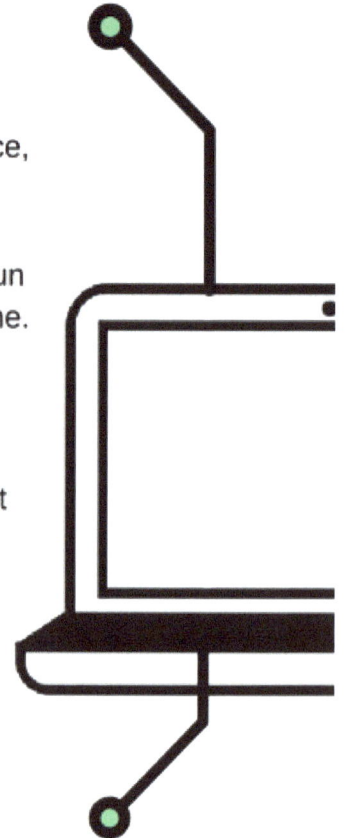

Les coûts par ...

- CPM : Coût pour Mille impressions (campagne de performance et de notoriété).

- CPC : Coût par Clic (campagne de performance)

- CPV : Coût par visite (campagne d'influence).

- CPL : Coût par lead (campagne au rendement)

- CPA : Coût par action (payé si vente).

Lexique

RTB : Real Time Bidding.

Désigne le principe d'enchères en temps réel d'un espace publicitaire.

Ainsi, lorsqu'un internaute arrive sur une page internet, en moins de 120 millisecondes, l'espace publicitaire est mis aux enchères, l'enchère la plus élevée remporte l'espace, et la publicité est affichée sur le site web visualisé par l'internaute.

Adserveur

Désigne un logiciel de gestion de campagnes publicitaires, chargé de mesurer et tracker les campagnes online.

Il fournit des statistiques qui sont analysées par les agences, annonceurs, régies, support média.

Plateforme Ad Exchange

Plateforme automatisée de vente et d'achat d'espaces publicitaires.

D'un côté les demandeurs d'espaces (annonceurs, agences médias, réseaux de reciblage ...)

De l'autre, les offreurs (sites supports, éditeurs, régies ...)

Ces plateformes ont pour vocation de réduire les coûts de fonctionnement du marché.

DSP : Demand Side Platform

Plateforme qui centralise les actions entre l'acheteur et les Ad Exchanges.

Ainsi, au lieu de créer une campagne pour chaque Ad Exchange, une seule et unique campagne est nécessaire car le DSP se charge de dupliquer la campagne sur les Ad Exchanges.

Les formats publicitaires classiques

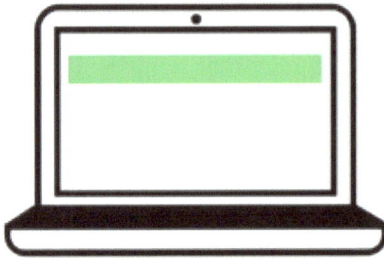

Megabanner haut

Format de base sur internet,
728 x 90 px

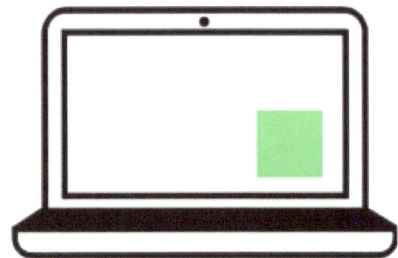

Pavé haut

Format de base sur internet,
300 x 250 px

Megabanner bas

Format de base sur internet,
728 x 90 px

Pavé bas

Format de base sur internet,
300 x 250 px

Skyscrapper

Format de base sur internet,
160x 600 px

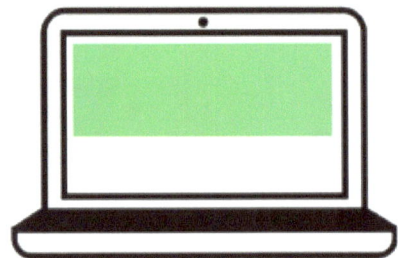

Billboard

Format de base sur internet,
970 x 250 px

Habillage

Dispositif publicitaire qui encadre la page d'accueil d'une page web.

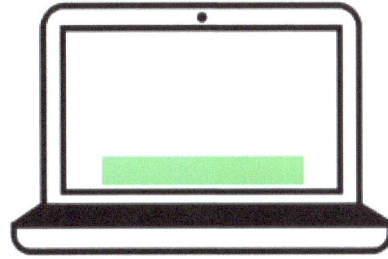

Footer

Bandeau publicitaire qui accompagne le lecteur lors de sa descente de la page.

Reco contenus

Les recommandations en bas des articles redirigent vers d'autres articles ou sites.

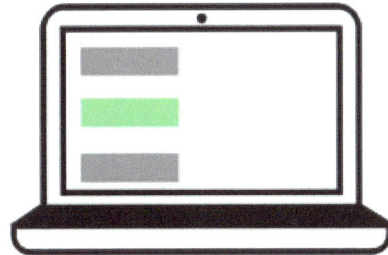

Publicité native

La publicité native s'intercale entre deux articles et s'insère dans la lecture.

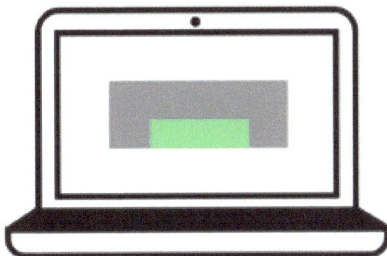

Overlay Image

Bannière qui se place en bas des images se trouvant dans les articles.

Tracking

Placement d'un traceur sur le site web qui permet d'avoir toutes les remontées nécessaires à la suite d'une campagne.

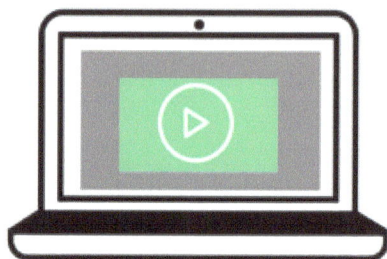

Contenu Vidéo

Une vidéo s'intègre dans le corps du texte avec une vidéo précédant, en pré-roll.

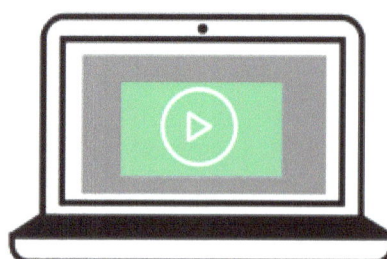

In text

Vidéo intégrée dans un texte, qui se déclenche lors de son survol.

Vidéo Native

Vidéo intégrée au texte, qui se déclenche au clic.

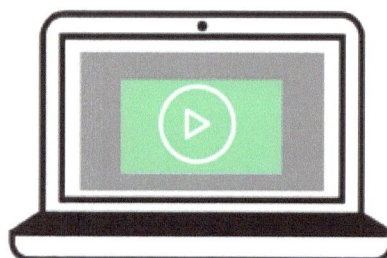

Pré-Roll

Vidéo publicité qui affiche un message publicitaire avant la vidéo de contenu.

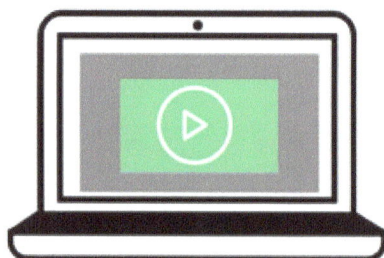

SRI

www.sri-france.org

Syndicat des Régies Internet.

Inter Vidéo

Vidéo qui se positionne au dessus de la page du site. Skippable au bout de 5 secondes.

Footer

Publicité qui se place automatiquement en bas de l'écran.

Interstitiel

Publicité vidéo ou non, l'interstitiel se place au dessus de la page visitée.

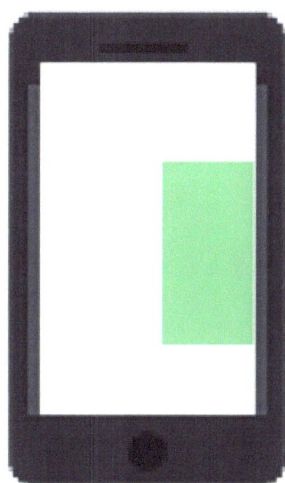

Over slide

Publicité qui s'installe sur le côté de l'écran.

PAP

Le PAP (pages vues avec pub) est une unité de mesure de trafic sur un site web.
Cela correspond au cas où une page web est totalement téléchargée.

Le média Presse a vu ses chiffres baisser ces dernières années depuis l'apparition de nouveaux concurrents comme internet.

Malgré cette concurrence accrue, le secteur de la presse s'est ressaisi et a réussi à se renouveler en intégrant leurs contenus aux formats digitaux.

Avant cette digitalisation, la presse était déjà un média référence pour communiquer autour d'un service ou d'un produit. Depuis, les packages et les offres se sont diversifiés, permettant ainsi un panel important d'actions de communication.

ACPM	BAT	Tiré à part
La fusion de OJD et Audipresse contrôle et certifie les chiffres de diffusion des marques médias et de leur audience.	Le « bon à tirer » est un document remis pour signature par un imprimeur ou un support à une agence ou à un annonceur.	L'opération spéciale du Tiré à part peut être distribuée en même temps que le support presse. Souvent en format dossier spécial.

« WHAT YOU CALL "LOVE" WAS INVENTED BY GUYS LIKE ME TO SELL NYLONS. »

Don Draper - Mad Men

Presse

Les principaux acteurs

www.20minutes-media.com
@20Minutes

20 Minutes est distribué chaque jours à 931 534 exemplaires en France. Son coeur de cible est le jeune actif urbain.

www.bolloremediaregie.com
@DirectMatin

Direct Matin est distribué chaque jours à 879 399 exemplaires en France. L'offre de Bolloré Régie se tourne vers le média de la mobilité : le quotidien.

TEAMEDIA

www.teamedia.fr
@Teamedia_fr

Team Media, la fusion des Echos et d'Amaury, commercialise les espaces publicitaires des Echos, de l'Equipe et du Parisien

Lagardère publicité

www.lagardere-pub.com
@LagarderePub

Régie publicitaire d'Air France magazine, Art&Décorations, Elle, Lui, Le journal du Dimanche, Paris Match, Version Femina, France Dimanche, Ici Paris, Public, Télé 7 jours, Gulli le mag ...

chridami communication
www.chridami.com

www.chridami.com

-

Régie répartie en 7 secteurs :
- TV : Télé Star, Télé Z ..
- Féminine : Biba, Grazia, Prima ..
- People : Voici, Closer, Gala ...
- Seniors : Pleine Vie, Top Santé.
- Premium : Capital, VSD, Géo ..
- Luxe : Propriétés de France ..
- Guide urbain : Expo City

M publicité

www.mpublicite.fr
@MPublicite

Régie de Le Monde, M,
Courrier International,
Télérama, Le Nouvel Obs,
Challenge's, Obsession, Le
Huffington Post.

MEDIA.figaro
CONNECTE . INFLUENCE . ENGAGE

www.media.figaro.fr
@Mediafigaro

Régie de Le Figaro, Le Figaro
magazine, L'Internaute, le JDN,
Madame Figaro, Le Particulier, Le
Journal des femmes, Jours de
France, TV Magazine, CCM,
NextPLZ, Hugo l'escargot ...

366
#COMMUNITIES

www.366.fr
@366comunities

La régie 366 est l'unique
éditeur de la Presse
Quotidienne Régionale en
France.

GMC MEDIA

EMPOWER YOUR STORIES

www.gmcfactory.com
@marieclaire_fr

Régie de Marie Claire, Stylist, Cosmopolitain, Avantages, Votre Beauté, Famili, Cuisine et Vins de France, La revue du vin de France, Mariages, Magic Maman.

CONDÉ NAST

www.condenast.com/brands
@CondeNast

Régie de Vanity Fair, Vogue, Allure, Architectural Digest, Ars Technika, Bon appétit, Brides, Condé Nast Entertainment, Glamour, GolfWorld, GQ, SELF, The New Yorker, W, Wired ...

PM PRISMA MEDIA

www.prismamedia.com
@prismamedia

Régie de As you Like, ça m'intéresse, Capital, Cuisine Actuelle, Femme Actuelle, Flow, Gala, Géo, Harvard Business Review, Management, National Geographic, Neon, ...

MONDADORI FRANCE

www.mondadoripub.fr
@MondadoriFrance

Régie de Auto Plus, Biba, Closer, Diapason, Grazia, Science et Vie, Science et Vie Junior, Le Chasseur Français, Modes et Travaux, Sports Auto, Télé star, Vital, 750g le mag ...

En 2015 en France

49,5
Millions de lecteurs de
presse chaque mois

5,8
Titres de presse lus
en moyenne par français

66%
Des français lisent au moins
un titre en version digital

Source : Audipresse, Etude One 2014/2015

Presse

Citizen Kane

Pourquoi la presse ?

- **Pour Argumenter :**
  La presse est un média pédagogique qui permet d'expliquer les avantages d'un service ou d'un produit.

- **Pour partager l'information :**
  La presse est un média palpable que l'on peut soit conserver, soit prêter, soit découper, ce qui permet la circulation de l'information.

- **Pour sa capacité de ciblage :**
  Avec la presse, les ciblages géographiques sont possibles grâce aux décrochages (Nationale, Régionale, Locale). Grâce aussi au ciblage social-démographique (un titre plus CSP = qu'un autre)

- **Pour le prestige de l'écrit :**
  La Presse est un média historique de qualité.

- **Pour communiquer autrement :**
  Grâce notamment aux publi-rédactionnels (publicité qui prend la forme d'un article - la mention publicité est apposée).

- **Pour des données précises :**
  Il existe une étude d'audience unique : "One" (Ipsos Media CT).

Fréquences de parution

- **PQG - PQGI : Presse Quotidienne Gratuite d'information**
  20 Minutes et Direct Matin

- **PQN : Presse Quotidienne Nationale**
  Le Monde, Le Figaro ...

- **PHR : Presse Hebdomadaire Régionale**
  La Manche Libre, Le Courrier Cauchois ...

- **PQR : Presse Quotidienne Régionale**
  Cf 366 et Team Media

- **Presse Magazine**
  Parution hebdomadaire ou mensuelle

Formats

- **Formats standards :**
  Page simple, Page double.

- **Autres formats standards :**
  1/2 page, 1/3 page, 1/4 page, 1/8 page

- **Emplacements premium :**
  Couverture (C1), 2ème de couverture (C2), 3ème de couverture (C3), 4ème de couverture (C4).

- **Formats spéciaux :**
  Sur-couverture C1 + C2,
  Sur-couverture C1 + C2 + C3 + C4
  Wrapping : Sur-Couverture non agrafée
  Encart presse : Livret, prospectus ou catalogue format A4

Média historique, la radio existe depuis longtemps et a résisté à l'arrivée de la télévision et de l'internet dans les foyers grâce à sa capacité à capter les personnes en mobilité.

Le choix du média radio pour faire de la publicité se fait car la fréquence d'exposition du consommateur est très élevée dûe au temps passé dans les transports et au domicile.La radio accompagne le consommateur du lever au coucher.

De plus l'attachement des personnes à leur station de radio préférée fait que les messages publicitaires passent mieux.

La possibilité de faire du ciblage géographique et thématique fait de la radio un média à privilégier lors des campagnes publicitaires de proximité, avantage dont le faible coût permet d'augmenter le taux de répétition du message publicitaire.

Couplage

Achat de plusieurs stations à la même régie pour de meilleures performances à un coût moins important.

Big Ben

Dispositif où la publicité achetée par un annonceur est diffusée une fois par heure.

Spots

La durée des spots varie entre :

- 15 secondes
- 20 secondes
- 25 secondes
- 30 secondes

« LE FAIT QU'ON SE CONFESSE

DE PLUS EN PLUS
À LA RADIO ET

DE MOINS EN MOINS
DANS LES ÉGLISES

SEMBLE INDIQUER QUE LA PUBLICITÉ EST
PLUS PRÉCIEUSE QUE LE PARDON. »

Philippe Bouvard

Radio

IIIIII Lagardère publicité

www.lagardere-pub.com
@LagarderePub

Lagardère publicité est la régie publicitaire des radios Europe 1, Virgin Radio et RFM.

NRJ GLOBAL

www.nrjglobal.com
@NRJGloablRegion

La régie NRJ Global regroupe les stations de NRJ, Nostalgie, Chérie FM, Rire et chansons.

radio france publicité

www.radiofrancepub.com
@RadioFrancePub

Régie publicitaire pour France Bleu, France Inter, France Info, France Culture, France Musique, FIP et Le Mouv'.

IP

www.ipfrance.fr
@IPFrance

IP France est la régie radio du Groupe RTL et gère en conséquence les stations de RTL, RTL 2 et Fun Radio.

TF1 PUBLICITE

http://www.tf1pub.fr

@tf1pub

Régie qui gère MFM Radio et Les Indés radio (couplage de 130 stations locales et régionales).

Next Régie

www.bfmtv.com/info/publicite/

@NextRegie

Régie qui gère l'antenne publicitaire de RMC et de BFM Business.

LIP !

www.lagardere-pub.com /files/CGV/cgv-lip-idf- 2016.pdf

Le couplage des régies Lagardère et IP-France donne LIP pour l'Ile de France (Virgin Radio, Oui FM, Fun Radio, RFM, RTL2, FG).

SNRL

www.snrl.fr Syndicat National des Radios Libres

74

www.parisiennesregie.com

-

Le couplage des radios Chante France, Radio Nova, TSF JAZZ, Radio FG et Latina, donne la régie "Les Parisiennes" pour une offre au niveau local en IDF.

www.ketilmedia.com
@KetilMedia

Régie qui gère l'antenne publicitaire de Radio Classique, les Radios d'Autoroutes (autoroute info, sanef 107.7).

www.orbus.fr
@SkyrockFM

Orbus est la régie de Skyrock (3,98 millions d'auditeurs en 2015).

En 2016 en France

43 640 000

auditeurs quotidiens

2H57

d'écoute par jour

1er

Média de confiance sur l'information

Source : Médiamétrie

76

Radio

Radios libres

Mesure d'audiences

Les audiences radio sont calculées de septembre d'une année, à juin de l'année suivante. Comme une année scolaire en somme.

La 126 000 Radio, est le nom de la mesure d'audiences qui est mesurée tous les 3 mois par Médiamétrie. Cette étude fournit la mesure de l'audience des dernières 24heures.

Cette mesure des audiences, permet de connaitre, pour une station :

- L'audience moyenne d'une journée pour une station
- L'audience par tranche horaire
- L'audience sur plus de 250 cibles
- La part d'audience d'une station
- La durée d'écoute par auditeur.

Il faut tout de même savoir que l'étude se base sur le déclaratif des personnes interrogées, ce qui laisse ouvert à la critique ce système.

Service public

Les radios du service public (Groupe Radio France), ont l'interdiction de diffuser des publicités de marques.

Les radios du groupe Radio France sont seulement autorisées à programmer et diffuser des publicités collectives et d'intérêt général.

Cette règle pourrait bien évoluer en 2016, suite à la publication d'un texte au journal officiel en avril 2016 allant dans le sens d'une solution de modernisation du système.

Drive to store

La radio est un média qui permet de conclure les fameux derniers mètres entre le client et le produit. Ainsi, 58% des acheteurs ont eu un contact radio 15 minutes avant un achat.

En 2015, ce n'est pas moins de 45,2 millions de téléspectateurs qui regardent quotidiennement la TV sur leur poste TV. La durée moyenne d'écoute quotidienne en 2015 s'élève ainsi à 3h44 en moyenne.

A ces chiffres, il faut ajouter que la publicité à la télévision est celle qui est la plus facilement mémorisée selon les téléspectateurs par rapport aux autres médias.

Les chaines de télévision ont complété leur offre avec internet, la TVR et la Tv en live. En 2015, ce sont 3 millions de personnes qui ont regardé avec en moyenne 1h52 par jour, les 17 109 heures de programmes disponibles en Tv de rattrapage.

VOD

Vidéo On Demand : location d'un contenu vidéo (payant)

TVR

- Télévision de rattrapage
- Tv à la demande
- Replay

SVoD

Vidéo à la demande en illimité avec abonnement

« ADVERTISING IS BASED ON ONE THING, HAPPINESS.

AND YOU KNOW WHAT HAPPINESS IS ?

HAPPINESS IS THE SMELL OF A NEW CAR.

IT'S FREEDOM FROM FEAR.

IT'S A BILLBOARD ON THE SIDE OF THE ROAD THAT SCREAMS REASSURANCE THAT WHATEVER YOU ARE DOING IS OKAY.

YOU ARE OKAY.»

Don Draper - Mad Men

Télévision

Souriez, vous êtes ciblés

TF1 PUBLICITE

http://www.tf1pub.fr
@tf1pub

Régie publicitaire du groupe TF1
(TF1, HD1, LCI, TV Breizh,
Ushuaia TV, Histoire), Numéro 23,
de TMC et de NT1

M6 PUBLICITÉ

www.m6pub.fr
@m6publicite

Régie publicitaire du groupe M6
(M6, W9, 6ter, Paris Première,
Téva, Série Club, M6 music,
Girondins Tv).

francetvpublicité

www.francetvpub.fr
@FranceTelePub

Régie publicitaire du groupe
France Télévision (France 2,
France 3, France 3 régions,
France 4, France 5, France Ô,
TV5 Monde, France 24,...)

5,1
Millions de TV
vendues en 2015
en France.

CANAL+ REGIE

www.canalplusregie.fr
@Canalplusregie

Régie publicitaire du groupe
Canal (Canal +, ITele, D17, D8,
Canal+ Sport, Canal+ Décalé,
Golf +,Comédie+, Télétoon,
Planète+, Piwi+).

Next Régie

www.bfmtv.com/info/publicite/
@NextRegie

Régie publicitaire qui gère RMC
Info, BFM Business, BFMTV,
01net, RMC Découvertes,
Eurosport, les chaines françaises
de Fox et Discovery.

NRJ GLOBAL

www.nrjglobal.com
@NRJGloablRegion

La régie NRJ Global gère les
chaines NRJ12, Chérie 25 et
NRJ Hits.

3650

Heures de films
diffusés sur les
chaines de la TNT
en 2015

Lagardère publicité

www.lagardere-pub.com
@LagarderePub

Régie publicitaire de Canal J, Gulli, June TV et MCM, Tiji, MCM Top, RFM TV, RTL9, Virgin Radio TV.

TEAMEDIA

www.teamedia.fr
@Teamedia_fr

Le rapprochement de Amaury Médias et des Echos Médias, ont donné naissance à Team Média, régie publicitaire de L'Equipe 21.

VIACOM INTERNATIONAL MEDIA NETWORKS

ADVERTISING AND BRAND SOLUTIONS

www.viacom.com
@Viacom

La branche française de Viacom, gère les chaines MTV, MTV Hits, Game One, Game One Music, Nickelodeon, J-One et Paramount Channel.

SNPTV

www.snptv.org
Syndicat National de la publicité Télévisée

Les spots TV en 2015 en France

146 739 932

= la durée totale en secondes de spots

7 015 172

= nombre de spots

20,9

= Durée moyenne par spots en secondes

La Publicité télévisée

Temps de cerveaux disponibles

Chaines publiques

- Limite de 6 minutes de coupure publicitaire par heure en moyenne quotidienne.

- Ne peut excéder 12 minutes de publicité pour une heure d'horloge donnée.

- Depuis 2009 : les chaînes de France TV ne doivent plus diffuser de publicité de marques entre 20h et 6h du matin. Interdiction qui ne s'applique pas aux messages d'intérêt général, les pubs génériques ou les parrainages.

Chaines privées

- Limite de 9 minutes de coupure publicitaire par heure en moyenne quotidienne.

- Ne peut excéder 12 minutes de publicité pour une heure d'horloge donnée.

Films

- Pas plus de deux interruptions publicitaires pour les oeuvres cinématographiques et audiovisuelles.

- 6 minutes de coupures publicitaires au total pour les oeuvres cinématographiques

- Aucune publicité n'est autorisée si un film est diffusé sur France Télévision.

- Une période d'au moins 20 minutes doit s'écouler entre deux interruptions successives à l'intérieur d'un programme (film ou autres).

- Les films en cours d'exploitation sont interdits de publicité à la télévision, à l'exception des chaines par abonnement à option "cinéma".

86

S'informer

3

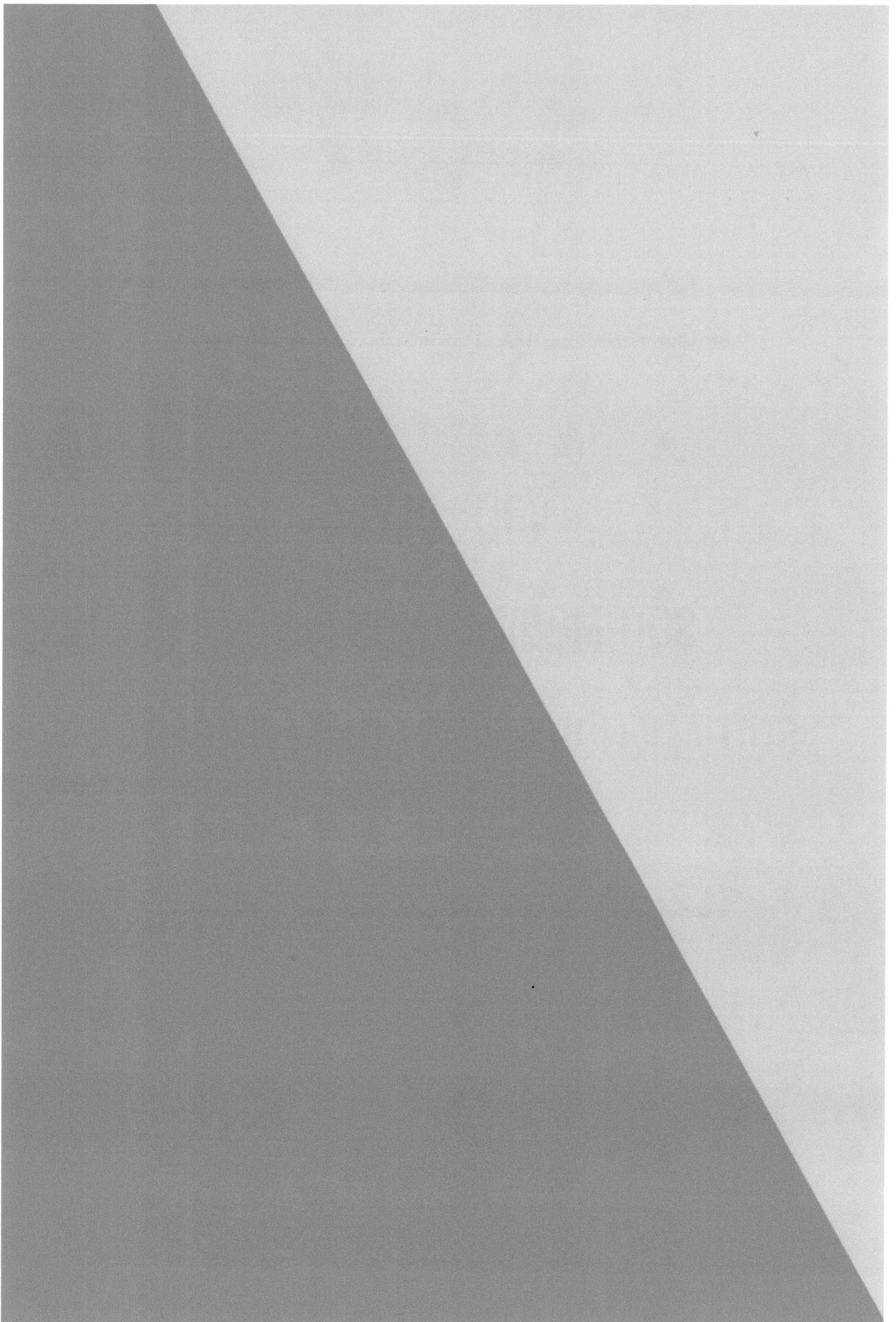

« VOUS DEVEZ

SOIT MODIFIER VOS RÊVES

SOIT AMÉLIORER VOS COMPÉTENCES »

Jim Rohn

Sommaire du
Chapitre 3 : S'informer

CB News

www.cbnews.fr
@CB_News

Si la version papier est mensuelle, la version internet permet de se tenir à jour des différentes actualités de la communication, du marketing et des médias au quotidien.

Stratégies

www.strategies.fr
@Strategies1

Pour tout savoir de l'actualité liée aux médias et au marketing, aller sur le site de Stratégies est un des réflexes basiques à posséder dans les métiers de la communication.

L'ADN

www.ladn.eu
@LADN_EU

Média axé innovation marketing, publicitaire et avec de vrais morceaux de start-up dedans. En plus chaque trimestre La Revue L'ADN est à retrouver en kiosques et librairies.

Influencia

www.influencia.net
@INfluencialemag

Média digital tourné vers les curieux d'innovation au quotidien. La revue trimestrielle développe des thématiques de manière plus approfondie.

Plan Pub Régulier

www.planpubregulier.fr
@PlanPubRégulier

Site d'actualités publicitaires, de la campagne choc à la vidéo qui buzz en passant par l'actualité du monde de la pub.

Il Etait une Pub

www.iletaitunepub.fr
@Iletaitunepub

En même temps site d'information sur les campagnes publicitaires dans le monde entier, Il était une pub est aussi une agence ayant les jeunes comme cible.

LLLLITL

www.lllitl.fr
@LLLLITL

Récompensé "Meilleur blog Marketing de l'année 2014" aux Golden Blog Awards, LLLLITL sélectionne les publicités et opérations marketing jugées les plus créatives.

La Réclame

www.lareclame.fr
@laReclame

Chaque jour, le meilleur de la communication. Cela se traduit par la mise en avant de campagnes qui sortent de l'ordinnaire.

Pub Digitale

www.pubdigitale.fr
@pubdigitale

Toute l'actualité du digital est à retrouver ici avec les dernières innovations mises en avant à travers des études et des dossiers bien fournis.

Ad Forum

www.adforum.com
@adforum

Annuaire très complet du secteur, vous trouverez sur ce site toutes les réponses à vos questions concernant les agences de communication.

J'ai un pote dans la com

www.jai-un-pote-dans-la.com
@unpotedanslacom

Blog d'information sur le secteur de la communication, avec une veille mettant en avant les meilleures campagnes et les dernières tendances

Tragédies

www.tragedies.fr
@Tragedies_fr

Créé en 2016, Tragédies est l'équivalent du Gorafi en parodiant Stratégies. A travers ses articles, Tragédies fait le portrait du secteur de la communication au second degré.

Dans ta Pub

www.danstapub.com
@DansTaPub

Dans ta Pub déniche chaque semaine les meilleurs visuels publicitaires existants. Une plateforme est aussi mise en place pour permettre aux étudiants de mettre en avant leur travail gratuitement.

Journal du Net

www.journaldunet.com
@journaldunet

Le JDN présente tous les jours le meilleur de l'actualité liée au web. Une rubrique traite particulièrement des agences digitales publicitaires.

J'étudie la Com

www.jetudielacom.com
@jetudielacom

Site pédagogique pour permettre à tous les étudiants d'en apprendre plus sur le secteur de la communication.

Creapills

www.creapills.com
@creapills

Les idées créatives sont mises en avant sur ce site qui propose également des concours créatifs à ses internautes.

Le Figaro

www.lefigaro.fr/medias
@Figaro_Economie

Le média historique qu'est le Figaro permet d'être tenu au courant des dernières actualités liées au monde de la communication.

Joe la Pompe

www.joelapompe.net
@joelapompe

Site spécialisé dans la chasse aux recyclages de publicités par d'autres créatifs en panne d'inspiration.

Les Echos

www.lesechosmedias.fr
@Teamedia_fr

Les Echos média, devenus Team Média informe tout au long de la journée sur leur site internet, des dernières informations marketing et de la communication.

Culture Pub

www.culturepub.fr
@culturepub

L'une des premières émissions à parler de la publicité à la TV se retrouve maintenant sur internet. On y trouve les meilleures vidéos de publicité du monde entier et de toutes les époques.

COMINMAG

www.cominmag.ch
@comin_mag

ADVERTISING AGE

www.adage.com
@adage

ADWEEK

www.adweek.com
@adweek

WE LOVE AD

www.welovead.com
@we_love_ad

ADSOFTHEWORLD

www.adsoftheworld.com
@adsoftheworld

CREATIVITY ONLINE

www.creativity-online.com
@creativitymag

PUB

www.pub.be
@PUBfr

ADEEVEE

www.adeevee.com
@adeevee_team

POUR COMMENCER À REMPLIR SA BOITE MAIL DE MESSAGES INTÉRESSANTS,

IL EST TEMPS DE S'INSCRIRE À CES TROIS NEWSLETTERS

VOUS SEREZ AINSI AU COURANT DE L'ACTUALITÉ DU SECTEUR DANS LEQUEL VOUS TRAVAILLEZ.

Stratégies

www.strategies.fr
@Strategies1

CB News

www.cbnews.fr
@CB_News

E-marketing

www.e-marketing.fr
@Emarketing_fr

Les études

MÉDIAMÉTRIE

www.mediametrie.fr
@Mediametrie

IREP

www.irep.asso.fr
@IREPasso

CESP

www.cesp.org
@cesp

ACPM

www.acpm.fr
@ACPMFRANCE

PRINTEMPS ÉTUDES

www.printemps-etudes.com
@PrintempsEtudes

KANTAR MÉDIA

www.kantarmedia.com/fr
@Kantar_Media

IPSOS

www.ipsos.fr
@IpsosFrance

LA MEILLEURE DES PUBLICITÉS

EST UN CLIENT SATISFAIT

Bill Gates

Organismes / Syndicats

MMA FRANCE

www.mmaf.fr
@MMAFrance_Assso

UDECAM

www.udecam.fr
@Udecam

UJJEF

www.communicationetentreprise.com
@CometEntreprise

SNPTV

www.snptv.org
@Pubtv

UDA

www.uda.fr
@UDA_annonceurs

AACC

www.aacc.fr
@AACClive

ARPP

www.arpp-pub.org
@smartinarpp

Où chercher un emploi ?

LA RÉCLAME
www.lareclame.fr
@laReclame

LLLLITL
www.llllitl.fr
@LLLLITL

OFFRE MÉDIA
www.offremedia.com
@offremedia

UN JOB DANS LA PUB
www.unjobdanslapub.fr
@UnJobdanslaPub

STRATÉGIES
www.strategies.fr
@Strategies1

CB NEWS
www.cbnews.fr
@CB_News

AD FORUM
www.adforum.com
@adforum

CAMPAIGN JOBS

www.campaignlive.co.uk
@CampaignJobsUK

BRAND REPUBLIC

www.brandrepublic.com
@BrandRepublic

MARKETING WEEK

www.marketingweek.com
@Jobs_MW

IPA

www.ipa.co.uk
@The_IPA

CREATIVE POOL

www.creativepool.com
@Creativepool

MEDIA WEEK JOBS

www.mediaweekjobs.co.uk
@mediaweekjobs

MARKETING JOBS

www.simplymarketingjobs.co.uk
@marketing_job

Le Mercator

Collectif
Editions DUNOD

Guide ultime du marketing. Cet ouvrage de référence est conçu pour vous faire comprendre de A à Z l'art du marketing.

Le Publicitor

Collectif
Editions DUNOD

Ouvrage de référence de la publicité, le Publicitor est une véritable mine d'or pour tous ceux qui le consultent.

La Boîte à outils de la publicité

Collectif
Editions DUNOD

Cet ouvrage vous fournit les outils nécessaires pour travailler les supports qu'ils soient médias ou en hors-média.

Les fondamentaux de la publicité

Collectif
Editions Pyramid

L'accent est mis sur les moyens techniques utilisés dans le cadre d'une campagne publicitaire, ce qui permet de comprendre les rouages d'une campagne.

Nouveau ?

Joe la Pompe
Editions Telemaque

Livre issu du travail commencé sur internet par Joe la Pompe,de la dénonciation du recyclage des idées d'une pub à l'autre, avec un questionnement sur l'influence de la culture commune sur les créatifs.

Advertising Now. Print

Julius Wiedemann
Editions Taschen

Mise en texte des meilleures publicités dans le monde avec des études de cas. Utile aux étudiants en communication.

1001 trucs publicitaires

Luc Dupont
Editions Transcontinentales

Best seller québécois qui révèle les trucs qui permettent de réaliser des publicités qui vendent, quel que soit son budget.

Le Monde de la Pub

Mark Tungate
Editions DUNOD

Cet ouvrage anglais nous relate l'histoire de la publicité à travers l'évolution de ses agences de publicité, des pionniers à l'explosion du numérique.

Confessions of an advertising man

David Ogilvy
Southbank Publishing

Un voyage à travers les pensées publicitaires, de management et philosophique de David Ogilvy, l'un des "pères" de la publicité moderne.

La nostalgie du futur

Marcel Bleustein-Blanchet
Editions Robert-Laffont

Cet ouvrage renferme l'autobiographie du créateur de Publicis qui encense la publicité.

Langue de Pub

Babette Auvray-Pagnozzi
Editions Eyrolles

Le monde de la publicité présentée côté coulisses et sans mâcher ses mots. L'envers d'un décor si particulier au langage unique.

Coups de Pub

Jacques Séguéla
Editions Pygmalion

L'un des grands noms de la publicité revient pour nous sur ses souvenirs passés à trouver ses fameux coups de pub.

99 francs

Frédéric Beigbeder
Editions Folio

Roman dénonçant de manière cynique les dérapages de la publicité dans un monde de consommation.

Logorama

H5
Production : Autour de Minuit

Court métrage français détournant près de 3000 logos pour raconter une histoire.

Mad Men

Matthew Weiner
AMC

Série suivant les aventures de Don Draper, directeur créatif d'une agence de publicité des années 1960 sur Madison Avenue.

On achète bien les cerveaux

Marie Bénilde
Editions Raisons d'agir

Livre qui analyse les rouages des médias et des moyens mis en oeuvre comme les neurosciences utilisées par la publicité pour vendre des produits.

25 personnes à suivre sur Twitter

Pour ne rien rater des dernières actions et infos du monde des publicitaires. En plus des comptes des entreprises du secteur, cette sélection permet de recevoir des infos au quotidien.

- **Mathieu Flaig @Mathieuflex**

- **Alexandre Jouanne @Jouanito**

- **Matthieu Etienne @LLLLITL**

- **Jean-Luc Raymond @Jeanlucr**

- **Erwann Gaucher @Egaucher**

- **Camille Jourdain @Camj59**

- **Julien Fabro @Julienfabro**

- **Alexi Tauzin @AlexiTauzin**

- **Olivier Gonzalez @Gonzalezolc**

- **Jonathan Chan @Chanperco**

- **Natacha Holtzhausser @NatachaHoltz**

- **La Réclame @lareclame**

- **Dans ta pub @DanstaPUb**

- **Culture PUB @Culturepub**

- **EMarketing.fr @Emarketing_fr**

- **Joe La Pompe @Joelapompe**

- **Jean Luc Chetrit @Jlchetrit**

- **Il était une pub @Iletaitunepub**

- **La PUBOTHEQUE @ValentinHochet**

- **Stratégies @Strategies1**

- **CB News @CB_News**

- **French Web @Frenchweb**

- **David Chiche @AdTimes**

- **Dark Planneur @DarkPlanneur**

- **Nicolas Bordas @NicolasBordas**

Notes

Notes

La Publicité expliquée à ma grand mère est un ouvrage qui s'adresse aux étudiants qui sortent ou qui sont d'écoles de commerce ou de communication et qui s'interrogent sur le monde de la publicité.

Ce livre est aussi à offrir à tous les curieux qui veulent connaître plus en profondeur ce secteur qui fait partie de notre vie sans qu'on ne le voit.

L'entourage des personnes travaillant dans ce milieu y trouvera aussi son compte pour comprendre l'univers particulier qui compose le quotidien de ses proches.

LIVRES
PARTICULIERS
Qui lira, saura

24€99 TTC

9 782955 803103

www.ingramcontent.com/pod-product-compliance
Lightning Source LLC
Chambersburg PA
CBHW041448210326
41599CB00004B/170